Helme Heine

Er, Sie & Es

Helme Heine

Er, Sie & Es

Ein Bilderbuch für Erwachsene

Kein & Aber

Inhalt

Die Zweige geben Kunde von der Wurzel
(Arabisches Sprichwort)

1

Er, Sie & Es

Die Welt ist polar angelegt, in Mein und Dein, Richtig und Falsch, oben und unten, Stille und Krach, Liebe und Abneigung, Worte und Widerworte. Um es kurz zu machen, in Mann und Frau: zwei Säugetiere der gleichen Spezies, aber mit den unterschiedlichsten Begabungen und Waffen ausgestattet, gezwungen, miteinander auszukommen, um nicht auszusterben. Je länger ihre Verbindung hält, desto mehr werden sie gefeiert. Die Jubelpaare der silbernen oder gar der goldenen Hochzeit werden bestaunt und mit Worten und Blumen beschenkt für ihr Durchhaltevermögen. Niemand käme auf die Idee, sie zu fragen, ob es glückliche Jahre waren.

Wie kam es zu der Aufteilung der Menschen in Mann und Frau? Warum sind sie nicht wie die Schnecken, die sich erst in der Hochzeitsnacht entscheiden, wer die Kinder zeugt und wer sie bekommt?

Warum ist die Welt so, wie sie ist?

2.

Die gute alte Zeit

In den Weltreligionen steht am Anfang allen Seins ein männliches, unverheiratetes Wesen, Gott, der in allen Winkeln der Erde unterschiedlich verehrt, ausgesprochen oder geschrieben wird. Im alten Athen hieß er Zeus, im Teutoburger Wald lebte Wotan, in Babylon herrschte Marduk, in Jerusalem heißt er Jahwe, in Delhi schätzt man Vishnu, in Mekka rufen sie Allah, und in Rom wacht der Herrgott.

Immer ist ER ein reifer, gestandener Mann, unabwählbar, ein unsterblicher Vorstandsvorsitzender, der von seinen Fans verehrt und vom Finanzamt mit der Steuerfreiheit beschenkt wird.

Die antiken Götter kannten noch nicht die Theorie vom Urknall, sie nutzten die Erde, wie sie war. Herr Zeus und seine Manager hatten es sich auf dem Olymp gemütlich gemacht und langweilten sich. Eine Eigenschaft, die allen Männern gemein ist, wenn sie nicht genug zu tun haben. Zeus, der Olympier unter den Triebtätern, zeugte ununterbrochen Kinder, und das nicht nur in menschlicher Gestalt, sondern auch als Schwan oder Stier, und zwischendurch vernaschte er noch schnell den schönen Ganymed, den Kellner der Göttertafel.

Marduk baute an seinem Turm zu Babel und scheiterte, weil die Gastarbeiter sich untereinander nicht verständigen konnten.

Wotan war Alkoholiker. Seine Leber muss er von Prometheus ausgeliehen haben, dessen Organ täglich von einem Adler verzehrt wurde und sich über Nacht immer wieder erneuerte.

Von Allah wissen wir nur, dass er groß ist. Es existieren keine Porträts von ihm.

Vishnu steht am Ganges und meditiert. Er versucht Buddha davon zu überzeugen, dass es das Nirwana nicht gibt.

Und Jahwe und Gott, die eineiigen Zwillingsbrüder, wollten die Welt in sechs Tagen erschaffen, denn am siebten Tag war Sabbat. Teil ihrer Bauplanung war der Mensch.

Aber alles der Reihe nach.

3.

Die Schaffung der Polarität

Zuerst knipste Gott das Licht an. Wer arbeitet schon gerne im Dunkeln? Das war der Urknall! Gott wird wie Herr Nobel bei seinen ersten Dynamitversuchen – und ein paar Jahre später Herr Oppenheimer, als er die erste Atombombe zündete – überrascht gewesen sein, wie hell der Tag war und dass jedes Licht einen Schatten hatte, den ER gratis dazubekam. Das muss IHM gefallen haben, denn ER liebt Geschenke, Opfergaben. In diesem Fall hatte Gott sogar sich selbst beschenkt und gleichzeitig die Polarität entdeckt.

So könnte es gewesen sein, auch wenn der Papst dies vielleicht anders sieht.

Als Nächstes wird Gott sich gefragt haben, was das Gegenteil von Geist ist. Und schon hatte ER die Materie geschaffen.

Bei der Erschaffung des Himmels wird ER etwas gezögert haben, denn ohne die Hölle war der nicht zu bekommen.

4

Der erste Mann

Danach baute sich Gott ein kleines Gewächshaus auf einem winzigen Felsbrocken am Rande der Milchstraße. Eine Versuchsstation, würden wir heute dazu sagen, ökologisch im Gleichgewicht, ohne Abgase, voller exotischer Pflanzen und Tiere. Ein kleines Paradies, das ER liebte, bis es wie jede Neuerung irgendwann zur Routine wurde, zur Arbeit, zum Problem – und damit seinen Reiz verlor. Das war der Zeitpunkt, an dem ER an Verkauf dachte, an Geschäftsübergabe.

Doch wem sollte ER sein Werk anvertrauen? Den Pflanzen? Um Gottes willen! Pflanzen sind Träumer, introvertiert, sie kriegen ihren Mund nicht auf und sind viel zu sehr mit ihrem Standort verwurzelt. Gott brauchte ein Lebewesen, das flexibel war und sich gleich auf den Weg machte, wenn irgendwo ein Problem auftauchte.

Eigneten sich die Tiere als göttliche Geschäftsführer? Alphatiere gab es in fast jeder Spezies. Der Löwe besaß Führungsqualitäten, er hatte königliche Züge und strotzte vor Kraft, aber würden auch die Vegetarier ihn akzeptieren? Gott spielte mit dem Gedanken einer demokratischen Wahl, verwarf ihn aber nach kurzer Überlegung wieder, um eine absolute Mehrheit von Viren und Bakterien zu verhindern.

ER suchte einen Nachfolger, einen Verwalter für sein Paradies. Jemanden, dem ER vertrauen konnte. Zum ersten Mal dachte ER an Kinder, genauer genommen an einen Sohn. Nicht an irgendeinen erbberechtigten Schwerenöter, sondern an einen kraftvollen jungen Mann voller Ideen, der das Geschäft erweiterte, sich hundertprozentig einbrachte, keine Flausen im Kopf hatte und alles so weiterführte wie bisher. Es entstand der Gedanke an einen Klon. ER holte sich Lehm vom Acker, begann mit dem Modellieren und schuf eine perfekte Kopie von sich selbst. Kurz vor der Vollendung unterbrach Gott sein Werk und geriet ins Grübeln. War das wirklich die Lösung? Würde das gut gehen? Würde es nicht zu Spannungen, zu Auseinandersetzungen führen? Doppelspitzen funktionieren nur selten, sie sind Scheinlösungen. Schließlich gibt es auch nur einen Kanzler, einen Papst, einen Boss.

Gott begann von Neuem. Statt ein Abbild von sich zu erschaffen, schenkte ER seinem Werk nur Ähnlichkeit. ER ließ ihn nackt durchs Paradies laufen, wie alle anderen Säugetiere auch, und ER nannte ihn Adam.

5.

Die erste Frau

Nacktheit gibt jedem das Gefühl der Freiheit. Keine Hose kneift, kein Schuh drückt. Da beginnen die Gedanken zu wandern. Die Sehnsucht, das Verlangen nach einem Gegenüber, einem Partner, wächst. Nur mit sich selbst zu spielen, wird auf Dauer eintönig. Ein Gefährte für Adam musste her. Doch wie sollte er beschaffen sein, wie aussehen?

Was war die Polarität von »Mann«? Heute ist es kein Geheimnis mehr, aber damals suchten Gott und Adam gemeinsam nach einer Lösung.

Zunächst brauchte das noch zu schaffende Wesen einen Namen. Denn der Name ist nicht nur Schall und Rauch, er verdeutlicht sehr klar, wer der Herr im Hause ist: Ein kleines »von« vor dem Namen, ein niedliches »...chen« oder angehängtes »...lein« kennzeichnen die Rangordnung. Gott und Adam entschieden sich einvernehmlich für den hübschen Namen »Männin«. Die Bibel kann es bezeugen. Der Akt der Schöpfung dieser Männin, die später als Eva in die Geschichte einging, gestaltete sich schwierig. Sie sollte ein Teil des Mannes sein, sollte ihm ihr Leben verdanken. Gott bat Adam,

Organspender zu werden, aber da scheint Adam nicht mitgespielt zu haben. Wie alle Männer hatte Er Angst vor einem Eingriff in sein Leben und war weder bereit, ihr sein Herz noch einen Lungenflügel zum Atmen zu schenken. Eine Rippe von ihm konnte Sie haben, mehr nicht. Vielleicht ist das der Grund, warum die Frau so sperrig, so anders wurde als der Mann.

Adam und Eva spielten viele Jahre im Sandkasten zusammen, bis Sie ihn eine Kratzbürste nannte, weil sein Bart so rau war, und Er ihre Brüste als Pickel bezeichnete. Da war es vorbei mit der Harmonie und mutierte zur Hormonie.

Man ging sich aus dem Weg, beobachtete sich aus der Ferne und fand den anderen blöd.

Das erfreute die Schlange. Sie freundete sich mit Eva an und überzeugte Sie, dass Worte kraftvoller sind als Muskeln. Sie schenkte ihr einen Apfel, den Eva mit Adam teilte, weil Er sich für sie rasiert hatte.

In dieser Nacht fielen die Feigenblätter, und die Schlange zog bei beiden ein – auf verschiedenen Etagen, versteht sich. Bei Eva setzte sie

sich im Kopf fest und lieh ihr ihre Doppel-
zunge. Bei Adam machte sie es sich im Bauch
bequem.

Da liegt sie nun seit Anbeginn und rührt
sich nicht mehr vom Fleck.

6.

Heute

Diese wunderbare Geschichte der Schöpfung des Menschen kennen wir alle aus der Bibel. Aber wie so vieles im Leben ist das graue Theorie.

Andere Entstehungsgeschichten sollten aber nicht unerwähnt bleiben, denn nicht alle besitzen das Buch der Bücher.

Die Anthropologen glauben, dass das Paradies in Afrika stand und Adam und Eva schwarz gewesen seien und ihre *Weiß*heit erst in Europa erlangten.

Die Romantiker lieben den Klapperstorch und die Biene, die von Blüte zu Blüte brummt.

Die Materialisten glauben an das Gen. Es hat sich selbst geschaffen. Der Mensch besteht zu 63 Prozent aus Sauerstoff, zu 20 Prozent aus Kohlenstoff, zu 10 Prozent aus Wasserstoff und noch aus ein paar anderen chemischen Grundbausteinen. Alles zusammen kann man in jeder Apotheke für ein paar Euro kaufen.

Die Germanisten wissen, dass alles Leben mit *Es* beginnt. *Es begab sich aber ...* steht in der Weihnachtsgeschichte, und alle Märchen beginnen mit den Worten: *Es war einmal ...*

Das sexy Rotkäppchen wird vom Bösen Wolf im Bett der Großmutter vernascht, und Dornröschen wartet wie ein unbefruchtetes Ei, geschützt hinter einer dichten Dornenhecke, auf den Prinzen.

7

Erwachen

Wenn der richtige Freier gefunden ist, wird neun Monate später das Es geboren. Nackt und rosig fällt Es aus dem warmen Wasserbett, wird kopfüber an den Füßen in die Höhe gezogen, bekommt einen Klaps auf den Po und schreit um Hilfe. Die Welt steht auf dem Kopf.

Pausbäckig robbt Es sich ins Leben, füllt Bauch und Windeln und bedankt sich mit einem Lächeln, wenn es schmeckt – und plärrt, wenn Es etwas auszusetzen hat. Zwischen den Mahlzeiten schläft Es, um die Bilder, die Worte und die Milch zu verdauen.

Es wird immer dicker und runder und würde wahrscheinlich platzen, wenn Es nicht eines Tages aus dem Kinderwagen kletterte, um auf eigenen Beinen die Welt zu erobern.

Irgendwann beginnt die Fragerei. Wie machst du das? Weshalb ist das so? Warum geht das nicht? Seit Adam und Eva stellt Es bis heute immer wieder die gleichen Fragen, nur die Antworten ändern sich. Der Zeitgeist will es so.

Es kämpft wie die Helden in den Märchenbüchern um die Liebe der Eltern, Es spricht die

Sprache der Tiere, fliegt mit den Engeln Loo-pings, und sein bester Freund ist der Teddy-bär. Es lebt in einer wunderbaren, fest gefügten Traumwelt, bis sein erster Milchzahn wackelt.

Dann erwacht das Es. Und wie bei jedem Erwachen kann Es sich nicht mehr an den Traum erinnern.

8.

Die Verwandlung

Mit jedem neuen Zahn verdrängt der Verstand die Erinnerung an die Vergangenheit. Der Zauber der Kindheit verblasst. »Erzähl mir bitte keine Märchen«, fordern jetzt die Eltern. Die Welt wird nüchterner. Die Stofftiere werden eingemottet oder über E-Bay verabschiedet.

Das Es ahnt, dass Es sich alleine durch den Alltag beißen muss. Der Zweifel an der Allmacht der Eltern wächst.

Das Leben als Es endet mit der Pubertät.

Über ein Jahrzehnt hat Es sich durch die Zeit gefressen, erst als Raupe, dann als Puppe, und von einem Tag auf den anderen mutiert Es zum Schmetterling. Wenn Er und Sie mit dem Auto durch die Landschaft fahren, um die Aussicht zu genießen, spielt Es lieber auf dem Rücksitz mit dem Hund oder langweilt sich, Es *sieht* die Bilder, die Landschaften, aber sie bleiben nicht haften.

Plötzlich mit der Pubertät entdeckt das Es die dritte Dimension. Poster werden gekauft, Wiesen mit Wildpferden, Sonnenuntergänge am Meer und Delphine in der Brandung. Der Mathe-Lehrer freut sich, weil er nun Geometrie, die Lehre von den Körpern, unterrichten kann. Er und Sie sind besorgt, weil Es ihnen sehr flatterhaft vorkommt – aber Schmetterlinge fliegen halt so.

9

Der Umzug

Die Pubertät ist der Einzug in den eigenen Körper, die erste eigene Bude im Leben eines Menschen. Von nun an wird das Badezimmer abgeschlossen. Was hinter der Tür passiert, ist Privatsache, geht niemanden etwas an. Nur der Spiegel darf Es sehen.

Die Hormone ringen mit dem Verstand. Chaos bricht aus. Im Kopf. Im Kleiderschrank. In den Gefühlen. Das Lieblingstier ist der Nullbock. Alles ist blöd, langweilig und scheiße, bis auf das Handy. Das Handy ist der einzige Freund, der zu ihm hält, dem Es vertrauen kann. Es ist der Schnuller des Teenagers, ist immer dabei, in der Schule, bei der Arbeit, in der Disco, im Urlaub. Das Handy zu verlieren, würde den Teenager-GAU bedeuten. Hilflos und nackt stünde Es da. Wohin mit den Händen, die der Herrgott doch zum Simsen geschaffen hat? Und wohin mit all den Worten, die Es unbedingt loswerden will?

Die schlangenähnliche Zunge des weiblichen Teenagers ruht nie. Sie züngelt ohne Unterbrechung. Täglich sechzehn Stunden kichert und zischelt sie.

Die männliche Schlange verbraucht all ihre Kraft am Leibesende. Stocksteif, versucht sie die gürtellose Hose auf der Hüfte zu halten, damit sie nicht über die Knie herunterrutscht.

Ansonsten sind beide kaum auseinanderzuhalten. In ihren Songs nennen sie sich gegenseitig Baby. Sie tragen beide die gleichen Markenschuhe ohne Schnürsenkel, lieben ausgeleierte Pullover, zerrissene Jeans, waschen sich täglich die Haare, um sie anschließend sofort wieder einzufetten, damit sie ungewaschen aussehen, benutzen die gleichen Parfums, finden Politik zum Gähnen und die Welt und ihre Probleme uncool.

10.

Frühling

Schon bald geht der androgyne Zustand zu Ende. Als fertige Er und Sie fühlen sie sich ins Leben geworfen. Überall sehen sie Probleme: die Politiker, die Banker, die Ozeane, das Ozonloch, die Atomkraft, die Umwelt, den Terrorismus. Sie würden zur Demo gehen, wenn das Wetter nicht derart unberechenbar wäre und der Kampf um einen Arbeits- oder Studienplatz nicht so viel Stress mitbrächte. So setzen sie sich an ihren Computer und verbreiten ihre Meinung – virtuell.

Der Twen mutiert zum autistischen Einzelkämpfer. Stundenlang starrt Er auf den Bildschirm, regungslos, emotionslos, bis Er sich schließlich mit geröteten Augen losreißt und abgekämpft aufs Sofa sinkt. In solchen Augenblicken überlegt Er ernsthaft, auszusteigen, ein Jahr lang abzuhauen, weit weg, irgendwohin. In ein Dritte-Welt-Land vielleicht oder auf eine einsame Insel im Pazifik, bereit, auf alles zu verzichten, den Italiener um die Ecke, die »Sportschau«, die nervige Verwandtschaft. Nur einen Internetanschluss, den sollte es dort bitte schön geben.

Diese geile Idee löst im Freundeskreis Bewunderung aus, scheitert aber zu guter Letzt an der Tatsache, dass dieses Jahr der Besinnung, der Selbstfindung später bei der Rentenberechnung nicht berücksichtigt würde. So kämpft der Twen weiter von zu Hause aus für die Wale, wählt grün, entfernt das umweltschädigende GTI-Zeichen an seinem Golf, traut keinem Menschen über dreißig und macht sich auf die Suche nach einem emanzipierten Partner, der die Ehe für genauso bürgerlich hält wie Er selbst.

Er und Sie ziehen zusammen, waschen und bügeln ihre Siebensachen getrennt, kochen abwechselnd. Nur das Bett, die Miete und die Meinung teilen sie miteinander.

Die Hochzeit

Ein Dreiakter

In früheren Zeiten vollzog sich der erste Akt im Kopf der Eltern. Sie besprachen sich und entschieden nach reiflicher Überlegung, wer die idealste Partie für Sohn oder Tochter wäre, und so geschah es.

In südlichen Ländern konnte Er seine Sie auch ohne Rat der Erziehungsberechtigten mit der Kunst des Gesangs gewinnen, doch das war die Zeit, bevor es den iPod gab.

Heute findet das Kennenlernen nur noch selten unter einer Linde oder am Dorfbrunnen statt, es verlagert sich immer mehr ins Internet. Das erfordert Offenheit. Man öffnet das Herz, die Bluse oder die Jeans, versendet ein Foto und überzeugt sich nach einer kurzen Minne- oder Nanozeit auf dem Sofa oder auf einem Autositz, ob das Abbild zu viel oder zu wenig versprochen hat.

Sind beide zufrieden, gehen sie getrennt nach Hause und vereinbaren das nächste Treffen per SMS. Sie texten und mailen so lange, bis die Höhe der Telefonrechnung und die

Fahrkosten eine Änderung der Lebenssituation erzwingen.

Der zweite Akt ist weniger erotisch. Zwei Wochen hängen die Steckbriefe der Heiratswilligen am schwarzen Brett aus. Erhebt niemand Einspruch gegen die Verbindung, treffen Er und Sie sich im Standesamt, 2. Stock links, Zimmer 307, 14.30 Uhr. Ein Staatsdiener überprüft ihre Daten, und zehn Minuten später weist eine Urkunde die beiden als Mann und Frau aus. Ein Name wird gestrichen und die Änderung schriftlich fixiert für das Finanz- und das Einwohnermeldeamt.

Der dritte Akt ist die kirchliche Hochzeit, der Höhepunkt im Leben einer Frau. Dieser Tag gehört ihr. Der schwarz befrackte Bräutigam, einem Pinguin nicht unähnlich, ist wie der Schatten der schneeweißen, unbefleckten Prinzessin, die wie im Märchen in einer blumengeschmückten, von Lipizzanern gezogenen Kalesche vorfährt. Friseuse, Schneiderin, Maskenbildner und ein Schleier zaubern aus jedem hässlichen Entlein einen zu bewundernden Schwan, der unter Glockengeläut und Orgelklängen das Kirchenschiff durchschreitet, vorbei an tausend feuchten Augen, bis vor den Altar –, den Sie das letzte Mal vielleicht bei ihrer eigenen Taufe gesehen hat –, um sich einen Kuss, einen goldenen Ring und ein Ja abzuholen.

Mehr geht nicht.

12.

Der Ehealltag

Nach der Hochzeitsreise, wenn der graue Alltag Einzug hält, wenn sich die Wäschekörbe doppelt so schnell füllen wie in der Junggesellenzeit, wenn die Zahnpastatube irgendwo in der Mitte eingebeult wird und der Klodeckel oben bleibt, erwächst erster Unmut.

Dann entstehen Spannungen, dann spricht Er tagelang nicht mehr mit Ihr, weil Er Ihren Redefluss nicht unterbrechen will.

Die Unterschiede von Mann und Frau sind jetzt gewaltig, nicht nur im Alltag, auch genetisch.

Sie besitzt ein Chromosomenpaar mit einem Doppel-X, das scheint der Grund zu sein, warum Sie die Wiederholung liebt. Ständig meckert Sie an Ihm herum:

»Ich habe dir doch schon x-mal gesagt …«

»Wie oft soll ich es denn noch wiederholen …«

Er empfindet Sie als undankbar. Ohne seine Rippe gäbe es Sie doch gar nicht.

Nun mehren sich in unseren Tagen die ersten zaghaften Versuche emanzipierter Männer und Frauen, getrennt neue Wege zu beschreiten. So küssen sich hin und wieder vor dem Traualtar zwei XY-Chromosomen oder zwei Doppel-X und versprechen sich ewige Treue und Liebe. Diese Paare hoffen, dass die Polarität von Mann und Frau, so gegensätzlich wie Feuer und Wasser, in ihrer Ehe vermieden wird. Sie glauben, dass zwei Feuer heller und heißer brennen als eins und zwei stille Wasser an Tiefe gewinnen.

Wenn diese Beispiele Schule machen, bleibt abzuwarten, wie die Evolution darauf reagiert.

13.

Atempause

Irgendwann beim Joggen, wenn die Luft knapp wird, bleiben Er und Sie stehen, setzen sich auf eine Parkbank und schauen zurück. Die Wohnung ist gemütlich dank Ikea, die letzte Rate fürs Auto ist bezahlt, der Chef ist mit ihnen zufrieden, alle Empfehlungen des Kamasutra sind nachgeturnt, aber trotzdem sind sie mit dem Erreichten nicht glücklich. Für eine Reise mit dem Kreuzfahrtschiff sind sie zu jung, für eine Clubreise mit Animateuren zu alt.

Eine öffentliche Podiumsdiskussion mit dem Titel *Sigmund Freud und das Es* sowie ein Routinebesuch beim Gynäkologen lassen den ungeheuerlichen Gedanken reifen, dass es Zeit wäre für ein Es mit zwei Armen und Beinen, bevor es zu spät ist. Sie beschließen bei einem Glas Champagner von Aldi, diese Idee gemeinsam in die Tat umzusetzen. Das Über-Ich, also Er, überlagert das Ich, also Sie, um Es zu schaffen.

Er freut sich, dass seine Spermien sich nicht mehr den Kopf an einer Gummiwand einrennen müssen oder gegen eine Chemiekeule anzukämpfen haben.

Sie freut sich auf die kommenden Nächte, in denen hundert Millionen Spermien sehnsüchtig darauf warten, um die Wette schwimmen zu dürfen. Es ist wie beim Triathlon. Alle springen gleichzeitig ins Wasser, drängeln und schubsen sich, wollen die Nase vorne haben, kämpfen um die Ehre. Welches von ihnen das jungfräuliche Ei zuerst berührt, mit dem Kopf durch die Wand geht (was Männer nur allzu gerne tun), hat gewonnen. Es ist geschafft, ist geschaffen.

14.

Es

Es ist in den ersten paar Wochen so scheu wie ein Reh, das im Morgengrauen, noch vor Sonnenaufgang, auf die Lichtung tritt. Alles ist noch dunkel, selbst die eigene Zukunft. Wird Es willkommen sein?

Vorsichtig verdoppelt Es sich, Zelle um Zelle. Gleichzeitig muss Es sich jede Nacht dem Ansturm eines männlichen Millionenheeres neuer Spermien erwehren, die sauer sind, dass schon besetzt ist. Nach einem Monat beschließt Es, sich zu melden. Es stoppt die Periode, will den Erzeugern mitteilen: Ihr braucht nicht mehr zu probieren, Es ist da!

Diese Nachricht an die Eltern wird gefeiert. Wenn es dem Es zu viel wird, wenn seine Wünsche missverstanden oder nicht befolgt werden, meldet Es sich. Dann wird Ihr schlecht, und Er darf in Zukunft nur noch auf dem Balkon rauchen.

Es will Wärme und Liebe, Es wird immer fordernder. Es will die Mutter für sich allein, will nicht mehr im Schlaf gestört werden von seiner Schlange. Im neunten Monat fühlt Es sich stark genug, den Luftballon platzen zu lassen und dem schwachen Lichtschimmer am Ende des Tunnels entgegenzuschwimmen. Es ist begierig zu sehen, wer seine Eltern sind.

15.

Sommer

Die Zeit der Ernte ist da. Be- und Erziehung sind der Nährstoff des Erfolges. Er und Sie strotzen vor Kraft und Selbstvertrauen. Das Einkommen stimmt. Das Es ist geschaffen, groß geworden, hat die Schule überstanden, ist fluchtartig zu Hause ausgezogen und schickt hin und wieder eine SMS.

Er und Sie haben alle Sportgeräte mit der dazu passenden Kleidung, die im Studio erworbene Fitness, die Bräune vom Solarium, sie wohnen im richtigen Stadtteil, sie haben ein eigenes Haus, ein eigenes Auto, eine eigene Meinung, sie haben die besten Beziehungen und Verbindungen, kommunizieren mit der ganzen Welt auf allen Kanälen, können alle Daten abfragen, alle Wissenslücken in Millisekunden abrufen. Ihnen gehört die Welt.

Sie haben alles – nur keine Zeit.

Ein Unfall

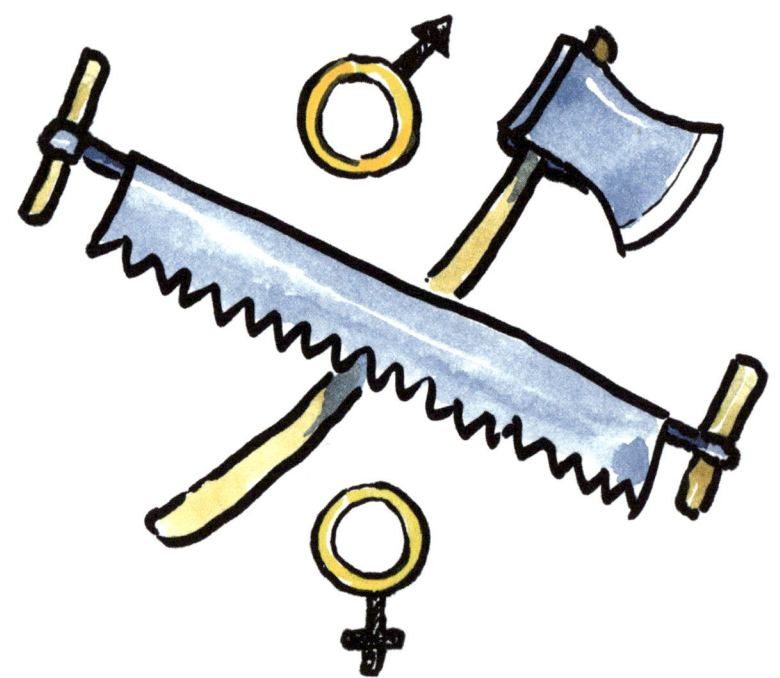

Der Krug geht so lange zum Wasser, bis er bricht, heißt ein Sprichwort.

Ähnlich verhält es sich mit der Ehe. Wenn der Krug einen Sprung bekommen hat, und Er Ihr oder Sie Ihm nicht mehr das Wasser reichen kann, gehen sie fremd. Das Spiel mit dem Feuer beginnt. Alles Wasser der Welt kann es nicht mehr löschen.

Irgendwann denken beide an Scheidung. Das erfreut und ernährt die Rechtsanwälte. Eifrig führen sie endlos Korrespondenz, um die gegnerischen Vorwürfe zu verbrennen oder die eigenen Argumente heller leuchten zu lassen. Die Heizkosten steigen mit jedem Verhandlungstag, und am Ende gewinnt der Abgekochteste.

Das Wir zerbricht. Er und Sie trennen sich, und jeder geht seines Weges.

Nie wieder, schwören sie sich, nie wieder werden sie sich binden, nie wieder gemeinsam Herd und Bett mit jemandem teilen – bis sie in ihrem Lieblingscafé einen Blick, ein leises Lächeln auffangen und schüchtern erwidern.

17

Halbzeit

Zum Glück wird nur jede dritte Ehe geschieden. Der Rest hält durch und kämpft im Fitnessstudio, um sich den Traum von der ewigen Jugend zu erfüllen. Die Falten, die Schützengräben des Alltags, graben sich ein und verteidigen ihre Stellung gegen das Botox. Der Spätsommer des Lebens beginnt. Sie hat sich längst gefunden, isst, was Sie mag, kleidet sich, wie Sie will, spricht aus, was Sie denkt und fühlt. Die Freiheit wächst. Die Angst vor der Menopause beschäftigt Sie nicht mehr. Als junges Mädchen war Sie Orchideen-Fan, jetzt entdeckt Sie die Schönheit des Grases.

Er feiert seinen fünfzigsten Geburtstag orgiastisch, lässt sich hochleben, weil Er auf der Leiter des Erfolgs oben angekommen ist. Er hat die angesägten Leitersprossen vermieden, hat den Dränglern auf die Finger getreten und hat denen da bewiesen, dass Er die Steine wegräumen konnte, die sie ihm in den Weg gelegt hatten.

Ein Schwächeanfall in der Firma und ein Kuraufenthalt machen ihm seine Sterblichkeit

bewusst. Ein neuer, sehr viel jüngerer Chef er-
klimmt in seiner Abwesenheit die Stufen des
Erfolgs und schlägt ihm jovial vor, die Dinge
in Zukunft etwas langsamer anzugehen. Er sei
nicht mehr der Jüngste.

Der Ruhestand

Immer hatte Er davon geträumt, nicht mehr ins Büro gehen zu müssen. Den Wecker im Garten zu vergraben. Auszuschlafen. In Ruhe ausgiebig zu frühstücken. Die Zeitung ungestört zu durchstöbern. Kein Telefonat, keine E-Mail mehr beantworten zu müssen. Sich selbst zu gehören. Den Rasen zu mähen, wann er Lust dazu hat. Seine Neigungen, Wünsche und Hobbys auszuleben, sich zu verwirklichen.

Am letzten Arbeitstag verabschiedet ihn der Chef mit einer Gedichtzeile, die ihm eine Sekretärin herausgesucht hat. »Kein Bayer, nein, ein Hesse, mit Vornamen Hermann, hat das geschrieben«, witzelt der Boss und zitiert: *Und jedem Anfang wohnt ein Zauber inne, der uns beschützt und der uns hilft zu leben.*

Er braucht lange, um diesen Zauber zu finden.

Sie noch länger. Plötzlich ist es mit ihrer Freiheit vorbei. Er will mit zum Einkaufen. Will wissen, in welches Café Sie geht und wann Sie wiederkommt. Mit wem Sie sich trifft und warum Er nicht mitkommen darf.

Krankheiten und Zipperlein lassen sie einander wieder näherkommen. Gemeinsam füllen und leeren sie ihre Pillenschälchen, messen den Blutdruck und fahren sich gegenseitig zum Doktor.

Trotzdem haben sie kein Problem mit dem Älterwerden. Ihr Problem ist nur, jung gewesen zu sein und diesen Zustand nicht vergessen zu können.

19.

Herbst

Haare, Haut und die neuen Zähne sind weißer als früher. Es ist Zeit, Bilanz zu ziehen. Testament und Patientenverfügung zu erneuern. Das Fotoalbum zu beschriften, damit die Namen der Eltern und Großeltern nicht verloren gehen. Das Gestern erscheint in einem milden Licht. Das Morgen ängstigt nicht mehr. Die Sehkraft schwindet, aber die Einsicht nimmt zu. Der Sex schwächelt, aber die Liebe zur Schöpfung wächst. Die Krankenkassen stöhnen unter den Altlasten. Die Enkel jubeln, wenn die Alten sie besuchen. Nie sind Er und Sie dem Es so nahe wie in diesen späten Jahren.

Plötzlich erinnern Er und Sie sich wieder an längst vergessen geglaubte Begebenheiten der frühen Raupen- und Traumzeit. An den Namen des alten Briefträgers, der Bonbons aus dem Nichts zauberte; an die bezopfte Rosi aus der ersten Klasse, die einen Schluckauf bekam, wenn man sie erschreckte; an den Marienkäfer, der Großpapa in die Nase gekrabbelt war. Fragen tauchen auf. Was würden sie anders machen, wenn sie die Chance hätten, ihr Leben noch einmal von vorn zu beginnen? Wie viel Lebenszeit verbleibt ihnen noch? Was ist der Sinn des Lebens? Und bevor sie eine zufriedenstellende Antwort finden, stürzt ein Es ins Zimmer und zieht sie hinaus in den Garten, zum gemeinsamen Buddeln im Sandkasten, zum Versteckspielen oder um die vergilbten Seiten eines Bilderbuches umzublättern und miteinander zu staunen.

Er, Sie und Es werden sich immer ähnlicher. Sie nähern sich dem paradiesischen Urzustand, dem göttlichen Menschenbild. Der Verstand lässt dem Herzen den Vortritt. Er und Sie beginnen zu begreifen, dass sie aus Sternenstaub entstanden sind und dass der Tod nicht das Ende des Prozesses ist.

20.

Winter

Die Welt wird still. Die Schritte werden vorsichtig, tastend. Die Eisblumen blühen an den Fenstern, der Schnee bedeckt die Narben der Welt, macht sie schön.

Die Uhr tickt. Die Zeit läuft.

Wohin?, fragt das Es.